CONDENADOS CORPOS NEGROS
E OUTROS POEMAS

Editora Appris Ltda.
1.ª Edição - Copyright© 2020 do autor
Direitos de Edição Reservados à Editora Appris Ltda.

Nenhuma parte desta obra poderá ser utilizada indevidamente, sem estar de acordo com a Lei nº 9.610/98. Se incorreções forem encontradas, serão de exclusiva responsabilidade de seus organizadores. Foi realizado o Depósito Legal na Fundação Biblioteca Nacional, de acordo com as Leis nos 10.994, de 14/12/2004, e 12.192, de 14/01/2010.

Catalogação na Fonte
Elaborado por: Josefina A. S. Guedes
Bibliotecária CRB 9/870

P477c 2020	Petean, Antonio Carlos Lopes Condenados corpos negros e outros poemas / Antonio Carlos Lopes Petean. - 1. ed. - Curitiba: Appris, 2020. 93 p. ; 21 cm – (Artêra) Inclui bibliografias ISBN 978-65-5523-720-7 1. Literatura brasileira – Poesia. I. Título. II. Série. CDD – 869.1

Livro de acordo com a normalização técnica da ABNT

Appris
editora

Editora e Livraria Appris Ltda.
Av. Manoel Ribas, 2265 – Mercês
Curitiba/PR – CEP: 80810-002
Tel. (41) 3156 - 4731
www.editoraappris.com.br

Printed in Brazil
Impresso no Brasil

Antonio Carlos Lopes Petean

CONDENADOS CORPOS NEGROS E OUTROS POEMAS

FICHA TÉCNICA

EDITORIAL	Augusto V. de A. Coelho
	Marli Caetano
	Sara C. de Andrade Coelho
COMITÊ EDITORIAL	Andréa Barbosa Gouveia (UFPR)
	Jacques de Lima Ferreira (UP)
	Marilda Aparecida Behrens (PUCPR)
	Ana El Achkar (UNIVERSO/RJ)
	Conrado Moreira Mendes (PUC-MG)
	Eliete Correia dos Santos (UEPB)
	Fabiano Santos (UERJ/IESP)
	Francinete Fernandes de Sousa (UEPB)
	Francisco Carlos Duarte (PUCPR)
	Francisco de Assis (Fiam-Faam, SP, Brasil)
	Juliana Reichert Assunção Tonelli (UEL)
	Maria Aparecida Barbosa (USP)
	Maria Helena Zamora (PUC-Rio)
	Maria Margarida de Andrade (Umack)
	Roque Ismael da Costa Güllich (UFFS)
	Toni Reis (UFPR)
	Valdomiro de Oliveira (UFPR)
	Valério Brusamolin (IFPR)
ASSESSORIA EDITORIAL	Lucas Casarini
REVISÃO	Andrea Bassoto Gatto
PRODUÇÃO EDITORIAL	Juliane Scoton
DIAGRAMAÇÃO	Danielle Paulino
CAPA	Julie Lopes
FOTO DA CAPA	Antonio Carlos Lopes Petean
COMUNICAÇÃO	Carlos Eduardo Pereira
	Débora Nazário
	Kananda Ferreira
	Karla Pipolo Olegário
LIVRARIAS E EVENTOS	Estevão Misael
GERÊNCIA DE FINANÇAS	Selma Maria Fernandes do Valle
COORDENADORA COMERCIAL	Silvana Vicente

PREFÁCIO

Antonio Carlos Lopes Petean é um acadêmico, professor e pesquisador de uma das mais respeitadas universidades federais do país – a Universidade Federal de Uberlândia – estando vinculado ao curso de Ciências Sociais. Ele nos presenteia com esta obra poética, cheia de imagens, de sons, de cores, de ritmos, de ginga, mas, sobretudo, de uma escrita forte e honesta.

Obra e autor têm as mesmas características, se confundem e difundem uma verdade inelutável e inequívoca – se o passado nos condenou, somente nós podemos absolvê-lo e libertá-lo definitivamente.

Mulheres e homens, crianças e adolescentes, negros novos e pretos velhos são assentados nas páginas brancas deste livro. Exu, Xangô e Ogum são incorporados como DEUSES negros d'África tanto como Cruz e Souza, Chico Rei e Carolina de Jesus, por exemplo, são tomados como ancestrais e antepassados; e como entes passados nossos eles são, estão e serão em nosso cotidiano e em nosso longo futuro.

Petean – vou chamá-lo assim – nos impõe neste livro a necessária releitura da história social brasileira, mas também denuncia os crimes cometidos contra os Direitos Humanos, em especial contra a população negra. Uma obra poética atual e que dialoga com a pandemia de 2020, provocada pelo Coronavírus, intensificada pela incompetência dos órgãos governamentais e pelos racismos estrutural e institucional travestidos de silêncio, de invisibilidade e de subnotificação que atingem os corpos negros, condenados que são na cena mundial e não apenas no Brasil.

Petean denuncia sem travas, sem paradas e titubeios os crimes cometidos contra os negros dia a dia, fazendo com que essa história seja memória de uma oratória política e persecutória. Assim, ao declamarmos os seus poemas, invariavelmente aquele que o faz é tragado – sim, tragado – por um turbilhão de pessoas, caras, faces, sombras anônimas e corpos – corpos negros condenados a esmo e aos milhões, jogados no Atlântico, na sarjeta ou em qualquer lugar que não é lugar de corpos humanos serem postos; postos de saúde, postos de trabalho precários de gente vulnerável pelo sistema opressor e violentador – sistema carrasco, como carrasco são os capitães do mato, estes que continuam a nos matar.

Condenados corpos negros e outros poemas é um título, mas também um livro que nos choca, nos provoca, nos irrita e nos faz nos mover, pois nos incomoda e nos agride com intensidade, com virulência, com violência, violentados que somos antes mesmo de nascer e mesmo após o nosso morrer.

Dagoberto José Fonseca

Livre docente em Antropologia Brasileira; professor da Universidade Estadual Paulista (UNESP); escritor negro e de diversos livros acadêmicos e de poemas da literatura negra contemporânea.

SUMÁRIO

CONDENADOS CORPOS NEGROS 11
APESAR DA CHIBATA 13
DO CONGO COM BATUQUES 15
RASGO 16
MÃE NEGRA PELE MÃE 17
OFEGANTE 18
HOMENS DE UM PAÍS QUALQUER 19
AO SOM DOS BERIMBAUS 21
ATOMIZADA EM MEIO À MULTIDÃO 23
NAS NOITES 25
A PROFECIA DO REI CHICO 27
OLHARES INQUISITORIAIS 29
ENIGMA 30
OUTRA LÓGICA 31
SONHO DISTANTE 32
OS SONS DO BLUES 34
MÃOS NEGRAS 35
MOSAICO DE VOZES NEGRAS 37
SAMBA JAZZ 39
NO QUILOMBO 40
CARURU 41
BATUQUES 42
TERREIROS 43
PARA VELHA CLARA GUIA 44
ÚLTIMA RISADA 45

BANZO DA SENHORA CAROLINA 46
DESALMADO 47
LÁGRIMAS NEGRAS 48
MACHADO DE XANGÔ 49
OGUM E SUA ESPADA 50
EXU 51
LONGAS TRAVESSIAS 52
CAFUA 53
CELAS 54
O ATLÂNTICO É MUDO 55
QUEM OS OLHOS OLHAM 56
ATITUDE 57
NO VER O PESO 58
TODOS OS ANOS, COROADO 59
NÃO PRECISAVAM DIZER 61
NÃO HÁ NADA 62
CORRENTES 63
FALTA FÔLEGO 64
DESTERRITORIALIZADO 66
CANSAÇO 67
INCURÁVEIS 69
SENHORA MENININHA 70
UM CERTO HEITOR E SEUS PRAZERES 71
É FATO 72
MARCAS NO CORPO 73
INVISIBILIDADES 75
PELE NEGRA ALVO 76
TORMENTA 77

PARA CRUZ E SOUSA 78
ACORDE NEGRO 82
O NOVO CAPITÃO DO MATO 85
TUA HISTÓRIA 86
HISTÓRIAS 87
HIGIENÓPOLIS E PARAISÓPOLIS.. 89
RAÇA 90
MUNDO NEGRO 91

CONDENADOS CORPOS NEGROS

Corpos negros acorrentados
em vergonhosos tumbeiros
como peças de uma engrenagem macabra
sangraram no mar azul
              de costa a costa

Os açoites
          nos escuros porões mofados
construíram memórias,
inauguraram o martírio
que se fez fardo
que se fez dor

Os açoites
          dos escuros porões
agora sobem e descem morros
e os corpos negros
              cujas sinas permanecem vivas,
agora servem de alvo,
para letrados e fardados cidadãos
apelidados de "homens bons".

Não...
os açoites
nas noites frias e quentes
não cessaram
e agora percorrem morros
              vielas

                    favelas
                    cortiços
em modernos tumbeiros
que rasgam o asfalto
com suas estridentes sirenes
procurando resignados corpos negros
para depositá-los em valas/senzalas
cobertas por flores artificiais
regadas por lágrimas de sal,
tão perto do mar azul.

O resto!
É apenas outra história
que eternamente recontada/mente
por modernos capitães do mato.

APESAR DA CHIBATA

Seu corpo esguio
desencadeia sonhos impertinentes
e pensamentos mundanos
que incendeiam minha negra pele

As horas passam
e eu permaneço com medo

Incompreendido
não ouso me aproximar,
nem fugir

Então corro para o muzambo
ofegante,
com pensamentos confusos
e paralisado

Sei que não me atrevo
com palavras ousadas
nem com ladainhas
ou mandingas

Apenas desejo
asas para sobrevoar teu corpo negro
e abençoá-lo com minha impura nudez
de moleque travesso
De minha boca
nada de palavras abusadas,

nada de censuras,
nada de mordaças,
mas apenas o espírito da revolta
que se ergue contra a chibata
que agora suportamos
Creia!
De meu ser
espere apenas luxúrias
permeadas por nobres carnavais/carnais
Espere um respirar ofegante
que sempre se calará
no fim de todas as noites
ou no fim do nosso mais sublime instante
revelando que nossos corpos
festejam ao som dos tambores,
apesar da memória viva dos açoites
que castigam dia a dia nossos negros corpos
já mortos.

DO CONGO COM BATUQUES

Vieram do congo
a ferros
e berros
Com batuques
anunciaram o rosário
anunciaram a festança
a dança mansa
a ginga e a mandinga
Com batuques
      transfiguraram o cenário
      criaram a ciranda
      os acordes de berimbau
e um tal Pelintra
nem com ferros
      ou debaixo de berros
renunciou à festança
e à dança
      da dona gira
Com batuques
e uma fala mansa
na festança/dançam
negros corpos
que ainda reinam
buscando esquecer as dores
da eterna travessia
desconhecida por brancas peles
que ainda estão à espreita.

RASGO

com meu velho punhal
apenas
rasgo a folha
rasgo o verso
rasgo o silêncio
rasgo o reverso
rasgo a equação
rasgo a canção
paralisando a emoção
inverto o verso
inverto a equação
entregando-me ao banzo
silencio a respiração
entregando-me ao verso

MÃE NEGRA PELE MÃE

ela caminhava todas as manhãs
pensando no famigerado destino
enquanto de seu rosto
lágrimas censuradas
não ultrapassavam seus olhos

impossível saber
sobre suas dores
sempre incubadas
ou camufladas
como um calo
ou um mero diário
e com sua negra pele mãe
que ditava seus passos
delicadamente preocupados,
ela sabia,
ah! e como sabia!
e não mais suspeitava,
que a fórmula do sofrimento
não passa de um sincretismo
entre a negra pele = destino = dores

ela sabia sobre esse sincretismo
o único que reina entre nós
e que aflora em cada espaço
não permitido à negra pele mãe
que só encontra repouso numa
                      vala/senzala,
cravada no pé de um morro qualquer.

OFEGANTE

Lavrando
ao som da chibata
e suando dias e dias
ele se perguntava
sobre seus ancestrais...
Até que ouviu o chamado de Ogum
lhe dizendo:
Corte os grilhões!
Sorria em meio a dor!
Tu és forte, seu nego nagô!

Ofegante,
      obedeceu,
          rompeu correntes
Então correu
para o mato
ouvindo o latido de cães raivosos...
(um tiro)
e tombou sorrindo
para nunca mais se levantar
e lavrar
Era o chamado de Ogum
lhe dizendo – eis aqui seus ancestrais,
              seu nego nagô!
Eis aqui os grilhões cortados!

HOMENS DE UM PAÍS QUALQUER

Num país qualquer
há um homem
que dentro de sua miserável farda
repleta de estrelas miseráveis
exalta ensandecido
sua descendência
imaginariamente
por ele embranquecida
Num país qualquer
há um homem
que desavergonhadamente
mente/severamente
exaltando suas bravatas
Num país qualquer
há homens que ruminam
infernais versículos
anunciando a nossa ruína
num cortejo de palavras
grosseiramente fúnebres
Num país qualquer
não haverá palavras
não haverá indignação
não haverá terreiros
não haverá batuques
nem haverá sonhos
Num país qualquer
haverá uma placa: "estamos de luto"

Mas com o rosário despedaçado
e terreiros em ruínas
seguiremos a nossa sina,
reconstruindo a nossa HISTÓRIA,
ao som dos velhos tambores
                de MINA.

AO SOM DOS BERIMBAUS

Ao som dos berimbaus
o gingado inicia
        e na roda cantam
encantados corpos
anunciando aos ancestrais
o reencontro
Na roda marota
ecoam cantos que encantam
caboclos, giras e pretos velhos
que não passam insignificantes
aos corpos negros que em ladainha
bailam regidos por agogôs,
atabaques e pandeiros
Ao som dos berimbaus
entra na roda um velho caboclo
Matreiro,
        ele ginga,
        pede benção,
rogando aos céus para aliviarem
as dores de um tempo distante
que não cessam.
Ao som dos berimbaus
a memória que canta/encantando
corpos negros de Angola
segue relembrando
que velhos grilhões
    continuamente devem ser partidos.

E, ao som dos berimbaus,
nas rodas,
corpos negros eternamente
bailando
vão rememorando
vivências.

ATOMIZADA EM MEIO À MULTIDÃO

As palavras escapam
e o desejo segue a me atormentar
Daqui não a vejo
mas sei que ela
se perdeu na multidão
de peles negras ressecadas
por cicatrizes infindáveis
Então... não sei de seus passos
e, prestes a enlouquecer,
ando confuso
procurando seu semblante
em meio à multidão,
como se ela soubesse.
Então adoeço.
Mas, ensandecido,
platonicamente enlouquecido,
sabendo que seus passos
na multidão me ignoram,
procuro reconforto
em outros corpos.
Enlouquecido...
tenho certeza
que ela se perdeu
E apesar de continuamente
procurá-la em meio à multidão
de negras peles,
        eternamente maltratadas,

me reconfortarei em outros berços/leitos
lembrando das antigas cantigas
              esquecidas
                            pela mesma multidão
de negras peles maltratadas,
que não encontram conforto.

NAS NOITES

Eram nas noites
ruidosas e amigas,
que cantos,
ladainhas,
lamúrias,
ecoavam pelas matas

Ao redor das fogueiras,
em meio às danças,
tranças riscavam o céu escuro
e em instantes de breve silêncio
corpos negros oravam
despertos,
riscando o chão,
implorando por dias sem
suas conhecidas
e malditas dores.
Eram nas longas noites
quentes e frias,
com danças e ladainhas,
que ousavam os negros corpos
adentrarem nas matas
carregando sonhos
e oferendas
para apaziguarem
suas dores
e seus clamores...

que atravessavam o longo oceano
rumo à ancestralidade,
tecida por imortais linhagens,
que ferros e cangas
insistiam em apagar.

A PROFECIA DO REI CHICO

Nas noites de lua cheia
desce a ladeira de Santa Efigênia
um cortejo

Homens e mulheres de matrizes distintas
com distintos pedidos
entoam orações com seus passos lentos

Esses não passam despercebidos
Observados pelo velho Rei Chico
que não nega sua bênção
que não ignora a romaria
que interpela o Benedito
esses corpos seguem
subindo e descendo antigas ladeiras
tecidas com pedras e sangue

Percorrendo velhas trilhas
onde o velho Rei Chico
fez sua morada,
e onde corpos negros
desconfiados não repousavam,
o cortejo ilumina um casario
erguido outrora ao som de tambores,
de correntes e de ancestrais dores
"desconhecidas" dos novos inquilinos,
sempre desconfiados com a história do velho Rei Chico,
que, matreiro,

        não cansa de avisar
que, em breve,
esse mundo será, novamente,
           sua morada.
E isso ninguém desmente.

OLHARES INQUISITORIAIS

Olhares desconfiados teceram as trilhas
que negras peles percorreram
Olhares de repulsa recaem
sobre novos corpos negros que ousam romper
indesejados arquétipos

Olhares e olhares...
De ontem e de hoje,
mas sempre carregados de afamados
padrões que beiram a loucura,
que dialogam com a morte,
que desencadeiam inquisitoriais censuras,
eles insistem e insistem,
com suas velhas normas impositivas,
com seus velhos jargões moralizantes.

Olhares banais,
mas repletos de dolorosas reprimendas
como antes
realimentam velhos medos
que transcenderam eras
que secularizaram as dores
numa louca tentativa de eternizar
a invisibilidade
de corpos negros subversivos.
Corpos negros que negam antigos padrões desejados
por olhares sempre carregados de alvas
                      loucuras insanas.

ENIGMA

Sentada no velho tronco
ela passava horas
observando o canto de um pequeno pássaro
que lhe lembrava uma velha cantiga
                    que sua avó recitava
                    na vã esperança que ela, criança,
                    adormecesse logo.

Ela, todo dia, observava o canto
do mesmo pequeno pássaro
e lembranças reacendiam.

Numa tarde chuvosa,
sem poder se sentar no tronco
e sem poder ouvir aquele canto,
ela adormeceu numa velha rede
no meio do terreiro.

Mas logo o pequeno pássaro apareceu
e com seu canto foi encantando
e reacendendo suas memórias.

Assustada, ela acordou
e, procurando o pequeno pássaro,
imaginou onde ele havia se sentado
sem saber ou desconfiar
que velhas cantigas não saem de nós,
assim como as velhas dores
oriundas do ancestral cativeiro.

OUTRA LÓGICA

Gingando como um louco
seu Zé enganador
dá nó nas dores
        dos mestres de Angola
que ao som de tambores e agogôs
se entregam a uma outra lógica
que não se perdeu no tempo
Gingando,
esses conhecidos mestres de angola
               transcendem
               rompem
               contestam
com suas oferendas corporais
nossa cotidiana lógica,
para, então,
seguirem buscando consolo
com uma velha cigana
que dançando,
dando voltas,
vai aliviando com sua retórica
               corporal
as eternas dores
que não são,
apenas, a dos velhos negros
               mestres de Angola,
que nos contam outras histórias.

SONHO DISTANTE

Distantes,
eles ouviram os acordes das chibatas
ouviram os gritos de dor
ouviram as ladainhas
        de seus irmãos
Então se puseram a fazer mandingas
e assentamentos
para que aquelas dores,
ao longe,
logo tivessem um fim.
E por breves momentos
se sentiram livres,
distantes daqueles gritos de dor
iguais aos seus.
Por breves momentos
eles pensaram no mar,
pensaram no sonho,
pensaram no retorno,
no cheiro da terra,
no orgulho que veste a pele negra,
apesar das correntes,
apesar do cheiro da pólvora.
Então
pensaram em fugir,
em reinar com liberdade,
em reinar num reino distante da dor,
antes de serem atados ao pelourinho

ou acordarem para mais um dia ao sol
e roçarem numa velha gleba,
para um velho senhor
e suas velhas ladainhas,
que não são as suas,
e que não lhes dizem nada.

OS SONS DO BLUES

Depois de seus corpos negros serem
vendidos
e antes das eternas colheitas
............em terras distantes
............esmagarem seus laços,
o vento anunciava
............velhos acordes,
............como receitas,
que invadiam os vastos campos
eternizando melancolias
incendiadas
............ao som de vozes
............e mãos endurecidas
............por dores
que não lhes eram estranhas,
mas que rompiam o silêncio
do vento
se chocando
com flores desconhecidas,
símbolos de uma efêmera vida
vivida por outros iguais.

Era a vida
eternizada em acordes
melancólicos
saídos de conhecidos
............blues/banzos
que agora reinam nas noites de Orleans.

MÃOS NEGRAS

Mãos
condenadas a carregarem
as riquezas de um distante
e sonhado eldorado
lavraram terras
gestaram dores
que lentamente
foram eternizadas
em rodas
em terreiros
em cordéis
em novelas
são as mesmas
mãos negras
que agora
denunciam
o mesmo odioso desejo
nocivo
condenatório
de explorar
as mesmas mãos negras de outrora
que ainda continuam
segregadas
condenadas
melancolicamente
atadas
    a um grito de dor

que fora sufocado
silenciado
ignorado
mas nunca desconhecido.

MOSAICO DE VOZES NEGRAS

Terras estranhas para os primeiros
Duplamente estranhas para os segundos
Dolorosa para todos

Terras distantes,
muito além do além-mar,
onde tenras plantas cresciam,
onde as correntes falavam
e ditavam o tempo,
transformaram-se
em uma nova residência
distante do ventre d'África.

Terras distantes,
desconhecidas,
carregadas de estranhos sentimentos,
onde homens eternamente
recebiam corpos negros
para morrerem trancafiados,
acabaram conhecendo
uma nova coloração
oriunda de matrizes
negadas,
trazidas muito além
        do além-mar
para aqui morrerem,
mas que tinhosamente

se reinventaram em meio à barbárie
tecida por correntes e grilões
que não represaram
o mosaico de vozes negras
trazidas do ventre d'África.

SAMBA JAZZ

Improviso
Criatividade
Lágrimas sonoras
Cantos impertinentes
É o Samba
É o Jazz
O Jazz sambando nessas bandas
com seu irmão,
cujas datas de nascimentos estão distantes
e cujas mortes, eternamente anunciadas,
são noticiadas em famosos jornais.
Irmãos que nos alertando
com criatividade
e improvisos
ou com um aviso,
vão nos dizendo: somos eternos
pois eternamente
sambamos improvisando,
enganando a morte,
a falência múltipla dos órgãos,
tão anunciada nas páginas dos jornais,
porém,
tão bem
ignorada
      por nós
que improvisamos
cantamos
e que também nos encantamos
com o HIP HOP.

NO QUILOMBO

No quilombo,
ouvindo suas vozes,
pensei nas suas histórias
contadas e recontadas
antes de nascerem
e do nascer do sol
No quilombo
pensei
nas suas dores,
nas recusas,
na vingança,
mas depois da dança
e antes do nascer do sol
esqueci tudo
para dizer:
no quilombo
a festança/dança
suavizando as dores
cravadas nos corpos
de velhas senhoras
e suas histórias.

CARURU

Pensei
Isso é comida de Santo
De santo exigente
De santo guerreiro
De santo impertinente
De santo mandingueiro
Que não aceita qualquer prato
Que não quer fast food
Que não aceita gourmet
Isso é comida de santo exigente
De Santo mandingueiro
E eu, obediente, ofertei
Depois dancei na roda
Mandinguei no terreiro
Sabendo do dia seguinte
E continuei com meu trabalho
de cozinheiro de uma madame exigente
que só quer gourmet
que só quer dormir
que só quer,
quer, quer
e que não sabe entrar na roda,
nem sabe do dia seguinte.
Mas é exigente
Só não é mandingueira
como o meu santo guerreiro.

BATUQUES

Dizem que num velho engenho
à beira-mar
vozes e gritos de dor
ecoam nas noites frias
lembrando a todos
que ali
corpos negros martirizados
estão acordados,
libertos dos açoites
              de outrora
que ecoavam
nas mesmas noites frias
de agora.

TERREIROS

negros terreiros
guardiões de memórias
eternos guardiões
de memórias
onde velhas senhoras
reinam
teimam
e se prontificam
em conservar
aquilo que o tempo
de outras catequeses
teima em apagar.

PARA VELHA CLARA GUIA

Com seu grito de dor
Com seu canto em louvor
Ela sorria
E toda de branco
Com seu cordão guia
Sorria em louvor
Àquela velha estrela-guia
Que agora nos guia
Na novena do rosário
Relembrando
Com seu grito de dor
Aqueles dolorosos
E antigos dias
Que eternamente
Ainda se fazem presentes.

ÚLTIMA RISADA

Acordou ouvindo uma risada
e imaginou que era de Exu
alertando a todos
sobre mais um dia
apegados às enxadas
e distantes da velha Banza Congo
Depois foi dormir
sem aquela risada,
mas com suas dores
imaginando deitar-se tão perto
                    de Banza Congo
que cravou uma enxada
no próprio peito
dando uma simples risada
para nunca mais se levantar
e lavrar.

BANZO DA SENHORA CAROLINA

Viva a velha senhora Carolina
que do seu quarto de despejo
despejou sobre nós
sua escrita
seu banzo
seu canto
e seus encantos
Viva a velha senhora Carolina
que ao sair do seu quarto
sem espanto
nos avisou:
não se façam invisíveis
despejem suas rimas
suas músicas
seus cantos
e seus banzos,
não se façam invisíveis
e gritem suas dores
aos quatro cantos,
mas com seus encantos.

Então
do meu canto
agora eu canto
Viva a velha senhora Carolina!

DESALMADO

Várias vezes me disseram:
você tem pele negra,
mas a sua alma é branca
Então,
saturado e amargurado
com tanto desprezo...
uma vez respondi:
nasci com a pele negra,
fui taxado de desalmado
para viver acorrentado
e criminalizado...
e quem sabe, um dia,
morrer discriminado.
E agora lá vem a senhora
com essa velha ESTÓRIA
querendo reinterpretar
a minha eterna sina!
Então
se situa, "bondosa" senhora!

LÁGRIMAS NEGRAS

tentaram me convencer
dizendo
que são apenas lágrimas negras
cumprindo duras penas
mas não resisti à tentação
e logo respondi
que são apenas lágrimas negras
prontas a vencer
e convencer mesmo
        a duras penas.

MACHADO DE XANGÔ

O machado de Xangô
vai rememorando
flertando
dançando
no ritmo do agogô
até o amanhecer
e até reacender
o que perdemos
já que também podemos
dançar
flertar
e sonhar
ao ritmo do agogô.

OGUM E SUA ESPADA

Erguendo sua espada
com seu ímpeto feroz
de ferreiro
se fez guerreiro
se fez senhor

E com seu ardente
amor
de ferreiro guerreiro,
erguendo sua espada,
aplacou nossos
temores
abençoando
nossos entristecidos,
porém, ardentes
clamores

E incansável
com sua espada
e imensa dor
de ferreiro guerreiro
        ritualizou
nossos antigos temores
nos dizendo: ergam suas cabeças
e suas espadas, e com suas palavras
e seus gritos
se façam visíveis/temíveis
filhos de África.

EXU

Dizem que ele mora em cada esquina
Que prefere as encruzilhadas
Dizem que ele é ardiloso
Que ele é tinhoso
Que ele é mandingueiro
Que ele é festeiro
Mas ele é mesmo mensageiro
Dos cirandeiros
Dos angoleiros
Dos seresteiros
e até dos roqueiros
e dos engravatados endinheirados
que atados e amarrados
também rezam nas encruzilhadas,
mas sempre
negando que nelas estiveram.

LONGAS TRAVESSIAS

longas foram as travessias
dos BAKONGO rumo às terras distantes
e longas foram as noites frias
as dores e os gemidos
que não foram apagados
e que apesar de desatados
continuam censurados
nessas noites
eternamente frias
de uma longa travessia
que eternamente
reinicia
reinicia
e reinicia
a longa agonia.

CAFUA

as dores de um tempo distante
não saem da pele
não abandonam a carne
são as marcas
dos olhares senhoris
cravadas nas peles negras.
olhares
que se prestavam a negociar
a negra carne
nos vários CAFUAS e VALONGOS
que se perpetuaram
para além daqueles tempos
distantes,
       mas tão próximos.

era assim no Cafua das Mercês
e é assim
no eternamente agora
viu minha senhora
terra de SANTA CRUZ!?

CELAS

Quantas foram
as solidões
as desilusões
as injustiças
os desencontros
os abandonos
suportados ao longo
de uma vida rarefeita,
carregada de preconceitos,
e de intolerâncias
      eternizadas na pele
dos corpos negros
trazidos, nascidos, trancafiados,
acorrentados, chicoteados,
encarcerados agora em celas
que se prestam ao esquecimento
e enlouquecimento.

O ATLÂNTICO É MUDO

O Atlântico não ouvia
O Atlântico não respondia
O Atlântico se fez de mudo
Ele não compreendia YORUBA
Ele nada sabia do dialeto NAGÔ
Ele só seguia o seu ritmo
E às vezes soltava uma lágrima
observando os vários corpos negros
sendo levados de costa a costa,
soltando lágrimas,
tão salgadas como as suas,
e por isso eternizadas
por vozes nascidas
        nas muitas
e múltiplas periferias.

QUEM OS OLHOS OLHAM

Um corpo negro entrou
Todos olham para ele
Então ele para, silencia,
esperando para ver as reações
Depois segue
ouvindo menções
a sua cor,
aos seus cabelos,
aos seus lábios.
Por fim ele reconhece essas vozes
Elas estão em todos os lugares
e são como todas as outras
por onde ele passa
E basta entrar num estabelecimento
para ele perceber
quem os olhos olham
e quem sangra com a própria dor.
E não lhe diga que não são os negros corpos!

ATITUDE

É atitude
A negritude
É atitude
A negritude
É atitude sim
Senão
Não seria lúcida
a atitude da negritude.

NO VER O PESO

sobrevivendo
diante da louca
alopatia
vigoram velhas senhoras
com suas velhas simpatias
e suas receitas
que MESTIÇAMENTE
bem-feitas
curam até
nossas e as vossas
aflições.
Viu, dona Sinhá?!

TODOS OS ANOS, COROADO

Todos os anos um novo coroado
Depois lá vem um novo reinado
Novos batizados
Novas oferendas
Novos reisados
anunciando corpos fechados
       para serem abertos a bala
       e depositados em valas
       para o descanso,
       mas com oferendas
       para Oxalá
Todos os anos
Coroados
Reinados
Batizados
se encontram
com velhas valas/senzalas
onde descansam em paz
corpos que se diziam fechados.
Todos os anos
rumo ao infinito
novas valas/senzalas
abençoam
os novos reinados
    daqueles
que foram ou não
batizados e rebatizados

nos terreiros de Oxalá.
E todos os anos
a vida segue rumo ao infinito
realimentada
realimentando
esse círculo.

NÃO PRECISAVAM DIZER

Disseram a ele:
Tu és negro!
Mas ninguém precisava ter dito
Bastava ele ir ao shopping
e à festa de São Benedito
Mas bastou ouvir suas tranças
que haviam lhe dito
com um grito:
cuidado com seu destino,
e viva no seu ORI!
que ele se NEGRITUDISOUL.

Mas disseram a ele:
aqui você não entra
nem com reza brava
nem com São Benedito
nem com seu grito
Mas ninguém precisava ter dito
Ele se desmaterializou
e disse: – AQUI ESTOU.

NÃO HÁ NADA

Não há um porto
Não há um leito
Há apenas uma pele negra
Há apenas penas
        para cumprir
            do nascer ao morrer
Então,
do nascer
ao anoitecer
tecer sonhos
de fugir
brincando
e brigando
com a desterritorialização.

CORRENTES

condenado ao nascer
mas sem saber
que as correntes
só são eternas
nas mentes
daqueles que só veem
correntes desde o nascer
até o morrer.

FALTA FÔLEGO

Não tenho mais fôlego
para gritar,
para amar;
nem para odiar
e nem para encantar
eu tenho mais fôlego.
E quem me dera
poetar no seu ouvido
com meus versos
envelhecidos
como esse meu
     corpo/morto.

Não tenho mais fôlego.
As correntes seguem
condenando meu negro corpo
ao esquecimento,
mas sem nenhum lamento
eu ainda escrevo
para que seja ouvido
pois mesmo envelhecido
recrio meu tardio
e santificado embrutecimento
ao lado do vazio
a que fui acorrentado.
Desarmado,
condenado

e refugiado
no ostracismo da invisibilidade,
não tenho mais fôlego.

Então rasgo os últimos versos
libertando-me das últimas correntes
que me estrangulam,
mesmo que tardiamente
eu ainda procure
palavras reconfortantes
que me livrem
do bailar dos açoites
que me assombravam
nas tantas noites
que acordei assustado.

DESTERRITORIALIZADO

Meu nome:
uma sombra
desterritorializada...
Acorrentado
ou
desacorrentado
sigo assombrado
com meu passado
pois sei que ele
é apenas um pecado
que me acompanhará
assombrando-me
num eterno
desenraizamento
que não sei
se lamento
ou (DES) lamento
errantemente.

CANSAÇO

Do meu cansaço
já me cansei.
Mas confesso
que sinto falta
daquele cansaço matinal
que nascia depois
de longas noites ofegantes
que agora, distantes no tempo,
são apenas vagas lembranças
das danças e andanças
a que nossos negros corpos
lascivamente se entregavam
depois das colheitas.

Do meu cansaço
já me cansei.
Mas confesso,
que, dele, nasceram
essas palavras,
essa lembrança,
essa incurável nostalgia
que agora desencadeia
meu banzo matinal.

Do meu cansaço
nasceram essas palavras
que não se cansam,

mas que dançam e falam
ofegantes
do que não possuo mais.

Do meu cansaço...
nada mais tenho
a dizer.
Ele apenas é cansaço
que me fez aço
depois de duras
e contínuas colheitas
nas terras do Sinhô.

INCURÁVEIS

Incuráveis são as dores
que são relembradas
nas noites frias
nos becos, nas favelas
e nas vielas de negras peles.

SENHORA MENININHA

Ouvi dizer que
lá nas bandas
do pelourinho
há um homem
que canta e encanta
honrando
com suas rezas
ladainhas
e simpatias
uma eterna senhora
mui grandiosa
pequenina Menininha.

UM CERTO HEITOR E SEUS PRAZERES

Transformou o mal-estar em poesias
e delas fez brotar telas
Essa era a liberdade de um certo Heitor
que traduziu em versos
suas náuseas
suas alegrias
suas simpatias
colorindo a vida
transmutando seu mal-estar
em cores
com seus humores
seus sabores
e acordes
intempestivos.

É FATO

Sei que é fato
Só não sei se é sina
Corpos negros tombarem
           em cada esquina

Então olhemos
os traçados das balas
e as falas
desses novos senhores.
Então teremos
respostas em cada esquina,
mas só não sei se é sina.

MARCAS NO CORPO

Quando ouvi
suas histórias
pensei nas suas dores
cravadas em sua memória
e não pude
deixar de imaginar
quantas são as marcas
impressas em seu corpo
que mais se parecem
com trilhas tortuosas
não tão belas
como as matas virgens
onde caçavam
seus antepassados
que agora estão vivos
apenas em suas memórias
de África.

Quando ouvi
suas histórias
esqueci das minhas
insignificantes dores
afinal não tenho memórias
de África
tenho apenas
marcas impressas em meu corpo
e um reles passado,

mas que também
desanda
sangra
não anda
nem desata.

INVISIBILIDADES

Ouvi dizer que existem
certas invisibilidades.
Mas sigo pensando
que há múltiplas invisibilidades
pois vi passando
uma senhora negra
envelhecida
e talvez entristecida
pelo
ensurdecedor
e usurpador tempo.
Mulher negra envelhecida!
Por isso, sigo pensando
nas múltiplas invisibilidades
que todas iguais a ela
estão condenadas.
Essas sábias mulheres negras envelhecidas!

PELE NEGRA ALVO

A pele negra é caça esportiva
de fardados senhores
guardiões da "honra"
que a desonram
lhe negando a existência.
A pele negra não é invisível,
ela é essência destronada
que fardados desonrados
transformaram em alvo
para atenderem aos desejos
das inúmeras Casas-Grandes...
que dentro de "saneados" condomínios
ainda lutam para manter seus domínios
higienizados e bem alimentados.

A pele negra é caça esportiva
Ela é o alvo preferencial de subordinados
fardados iguais a ela
e que a ela se reportam com desprezo
como se ela fosse um fardo
que buscam retirar de si.

TORMENTA

o que me atormenta
são as palavras
que julgam incessantemente
minha presença e minha crença
que eternamente atormentam
outros oratórios.
                    sem saber por quê.

PARA CRUZ E SOUSA

Ele, o mais elegante
poeta do Desterro,
recebeu inúmeros insultos
em vida,
mas seu indulto
que lhe abriu caminho no tempo
foram seus poemas
(seus escudos)
seus BROQUÉIS
incansavelmente recitados
nos salões
constantemente interditados
a sua cor

Mas ele, o mais elegante
poeta da velha Desterro,
cujos salões estavam interditados
aos seus cabelos e a sua cor,
recitava seus BROQUÉIS
apenas nos ouvidos ásperos
daqueles corpos negros
que vagavam nos inúmeros
bordéis dos velhos e inóspitos desterros
dos vários sertões.

Corpos que se escondiam da tirania
das palavras grosseiras

que fluíam dos nobres
e seletivos salões
repletos de alvas peles
que do norte ao sul
dessa terra
expeliam incontáveis hostilidades.

E no fim da sua longa jornada,
lançando rimas,
forjando arestas,
atormentado pelo desprezo,
o mais elegante
poeta do Desterro
recebeu apenas um vagão de gado
para conduzir seu corpo
ao próprio enterro,
depois de abomináveis
anos ouvindo seus críticos
lhe dizendo: senhor negro,
você que se diz poeta,
que tem a "escuridão na epiderme",
que não sabe de rimas,
sua escrita é obscura
como a noite escura
que tanto tememos.

Mas ele, o mais elegante
poeta do Desterro
que sentiu a chibata das palavras
e que se armava de rimas,

que se armava com seus BROQUÉIS,
saltou dos bordéis
eternizando-se
muito além da velha Desterro
para nos dizer agora
que as dores
da epiderme negra
são férteis,
são fluídos errantes
como as flores
silvestres e selvagens
que fecundam
este solo cujos casarões
continuam lhe negando a entrada.

E para o exército de críticos
que lhe negaram o reconhecimento,
que lhe condenaram a uma invisibilidade em vida,
o mais elegante poeta do Desterro
continua,
com seu vulto,
amedrontando
muito além do seu enterro,
que não enterrou seus BROQUÉIS,
que invadiram palcos,
salões e bordéis,
de norte a sul,
para inúmeros desesperos
de todos

os rudes homens
de alvas peles
que blasfemam e seguem exigindo "ordem e progresso"
nesse nosso carcomido desterro
que ainda se veste de verde/amarelo
(sonhando com novas e longas noites de cristais).

ACORDE NEGRO

I
Negro,
tua pele não é tua vergonha,
tua pele não é tua desonra,
tua pele não é teu cárcere,
então ergue a cabeça e grita,
grita bem alto homem negro, e afasta de ti
o peso das palavras que ouvistes
nesses séculos que andastes acorrentado
aos pueris desejos dos escravocratas
que hoje estão protegidos
por seres fardados
e que armados de ódio
se prestam a servirem
aqueles que se escondem amedrontados
em modernos condomínios adornados
com tuas lágrimas e teu suor de homem negro.

II
Negro!
Quiseram que você se envergonhasse
da sua pele, da sua alegria,
do seu sorriso, mas você atravessou
os séculos com seu gingado, com seus batuques,
com seus saberes poéticos,
e agora, novamente, perseguem-no
com igual ferocidade dos tempos

da senzala, a tal ponto que as valas/senzalas
já não suportam tantos corpos.
Negro!
Lembre-se de Palmares,
sonhe sonhos de liberdade,
erga barricadas,
erga a cabeça,
se faça presente
além das vielas,
das valas dos cemitérios
e dos desejos de extermínio
que emanam dos condomínios
que não largam das ancestrais chibatas.

III
Negro!
Tu não és um condenado,
mas querem que se renda,
que se ajoelhe, que se curve,
pois desejam que não se levantes.
Mas lembre-se de MALCON X,
de MANDELA, de STEVE BIKO,
de SAMORA MACHEL
e de todos os outros
que pisaram no chão duro,
mas que não olharam
eternamente para ele.
Por isso a tua sina não é
aquela que as alvas peles

desejam que sigas
e mesmo que te digam,
em cada esquina: – cale-se!
Não te cales homem negro!
E mesmo que queiram destroçar teu ânimo!
Não te entregues,
e anda com orgulho,
pois foram teus braços,
teus saberes, e teu sangue,
que deram contornos a esta terra,
que te condena a ser um eterno estranho.
Negro!
Tu não és um estrangeiro,
e nem forasteiro,
e mesmo que te digam:
aqui não entras, pois aqui não é para ti!
Não tenhas medo de chutar portas,
e nem temas essas novas velhas botas,
já conhecidas desde o tempo das senzalas,
que existem apenas para impedir tua revolta,
prolongando tua pena.

O NOVO CAPITÃO DO MATO

O velho capitão do mato
nunca largava da chibata,
mas orava,
e pedia a Deus sabe lá o quê.
O novo capitão do mato
que também caça no mato,
e bate continência,
mata sem pedir licença,
e segue pedindo a benção
e empilhando corpos iguais ao seu.
Então vê se fica esperto,
seu negro "liberto"!

TUA HISTÓRIA

Uma história
atada por grilhões e correntes
a tumbeiros
negreiros
senzalas
favelas
morros
vielas
cortiços
sarjetas
e mortalhas/penitenciárias
(por séculos)
E nesse tempo percorrido
esses foram os únicos abrigos
em que os corpos negros repousaram
e não pense que teus irmãos e amigos
encontram-se além deles,
pois o outro lado, minha menina,
permanece interditado
ao tom forte da tua melanina.

HISTÓRIAS

A pele negra
conta suas histórias
e só ela nos fala
sobre as dores
que navegam sem repouso
em ondas de suor e sangue...
que escorrem pelas várias faces,
incitando pensamentos
que não ouso contestar,
nem difamar, como alguns ousam fazer.
Ela nos conta histórias
que muitos gostariam de calar
mas que só ela, unicamente ela,
enfrentando calada
a fúria das baionetas,
se arrisca a nos revelar.
A pele negra fala
das histórias censuradas
dos corpos maltratados
que fervilham e tombam nas ruas
dando um opaco brilho
a essa terra que dizem ser abençoada,
mas que desconfio, por um breve instante,
ser apenas amaldiçoada.
Terra que vive à espera de uma redenção
que só a pele negra pode proporcionar,
se a deixarem viver e recontar

as histórias que tem a nos dizer.
A pele negra traz em si
a história, a historiografia
e a radiografia de um povo
que chegou até aqui,
mas ouvindo outras histórias.

HIGIENÓPOLIS E PARAISÓPOLIS

Os nomes escondem
inúmeras dores,
insensatos preconceitos,
irados preceitos,
e certos desejos de embranquecimento
que exalam odores genocidas.
Por isso temos as Higienópolis
(morada dos "homens bons")...
por isso temos várias Paraisópolis
("paraíso" dos esquecidos).
Nomes que também escondem histórias
que se cruzam, se entrelaçam,
e algumas se recusam
a olhar do outro lado do muro,
pois se fartam de preconceitos,
que nos revelam desejos higienizadores,
de certos senhores,
      que desejam apenas
olhar para suas ações na bolsa,
e aumentar o muro, e nada mais.

RAÇA

Raça: invenção lucrativa
daqueles que apenas
se importavam
com a caça
de corpos negros
herdeiros da praga
lançada sobre CAM.

Mas CAM morreu,
e aqui estamos contando
os corpos negros
que são mortos
nas novas caçadas urbanas,
fruto de uma interpretação bíblica
que perdura em sujeitos
que não se desculpam,
pois não sentem culpa,
e caçam sem remorso,
mas que continuam ouvindo nefastas palavras
fanaticamente divinizadas.
Mas CAM morreu!
Mas com ele não foi soterrada
a velha história camita.
Não, o Sinhô não deixou
que ela fosse sepultada!

MUNDO NEGRO

I
Amar-se homem negro,
é não se entregar,
é gritar, é se fazer ouvir
E se isso não bastar
não descanse e nem desanime,
e lembre-se de teus ancestrais,
dos ancestrais Malês
abatidos nas ladeiras de Salvador,
dos que tombaram nos campos de Palmares,
dos que resistiram nas valas de Canudos,
e dos que sangraram nos porões dos tumbeiros.
E lembre-se do choro dos que ficaram
no ventre d'África,
do choro que ecoava
arrebentando as ondas brilhantes
do velho atlântico.
E se isso não bastar...
não descanse e nem desanime
pois ainda há tempo
de aquilombar as vielas,
vietnamizando ruelas,
para que teus gritos
possam ser ouvidos
nas ruas que agora estão nuas,
à espera do cortejo do Rosário.

II

Lá vem
a velha mangueira mandingueira
vestida de verde e rosa
armada de versos e prosa
e com seu trejeito faceiro
vai chutando a brancura da censura
vai desfilando sua indignação na avenida
vai driblando com seu gingado
os mais belos pecados,
que encantam terreiros
e os mais distantes negros
aquilombados nos cerrados.
É assim com a velha Mangueira mandingueira:
Dribla
Encanta
Ginga
E chuta a brancura da censura
para eternizar-se em poemas e prosa
no ZICARTOLA.

III

Negra é a cor da dor
Negra é a cor de Salvador
Negra é a cor de todas as BAHIAS
Negra é a cor da terra de Vera Cruz
Negra é a cor da matriz
São tantas as negritudes que enaltecem
e são muitas as atitudes
que embranquecem
(branca é a cor do torturador)
Negra é a cor da tradição
que enaltece
cada canto e recanto
desse solo, que não te reconhece
negra dor.